COLATERALES/
COLLATERAL

BY **DINAPIERA DI DONATO**

Winner of the Paz Prize for Poetry,
presented by The National Poetry Series
and The Center @ Miami Dade College

*Translated from the Spanish
by Ricardo Alberto Maldonado*

THE NATIONAL POETRY SERIES

The Center literature and theatre @Miami Dade College

The National Poetry Series and The Center @ Miami Dade College established the Paz Prize for Poetry in 2012. This award—named in the spirit of the late Nobel Prize–winning poet Octavio Paz—honors a previously unpublished book of poetry written originally in Spanish by an American resident.

The National Poetry Series was established in 1978 to ensure the publication of poetry books annually through participating publishers. More than 160 books have been awarded since the Series' inception and the recent addition of the Robert Fagles Translation Prize. Publication is funded by the Lannan Foundation; Stephen Graham; Joyce & Seward Johnson Foundation; Juliet Lea Hillman Simonds; The Poetry Foundation; and Olafur Olafsson.

As a department of Miami Dade College, The Center began in 2002 as an umbrella organization producing literary programming that embraces authors and writing, journalism, play- and screenwriting, reading and literacy, and the successful Miami Book Fair International. The Center's community outreach consists of reading campaigns and book discussions, writing workshops, author presentations, panel discussions, master classes, and much more to promote the craft and power of the written word.

———

Published by Akashic Books
©2013 Dinapiera Di Donato
English translation ©2013 Ricardo Alberto Maldonado

ISBN-13: 978-1-61775-191-2
Library of Congress Control Number: 2013938708

Akashic Books
PO Box 1456
New York, NY 10009
info@akashicbooks.com
www.akashicbooks.com

Agradecimientos

He tenido el placer y el privilegio de trabajar con Alina Galliano en la versión inglesa. Su aporte y profesionalismo han sido de enorme importancia para este libro.

Así mismo quiero agradecer a Alicia Perdomo H. una lectura atenta y las ideas para la portada.

Mi reconocimiento, por su generosidad y apoyo.

Acknowledgments

It has been both a privilege and a pleasure to work with Alina Galliano on the English version of my poems. Her support, encouragement, and professionalism have been central to this book.

I would also like to express my gratitude to Alicia Perdomo H. for an attentive reading and her ideas for the cover.

Thank you again for your generosity and support.

———

The translator would like to thank Idra Novey, Pierre Joris, Johnny Temple, his colleagues at the 92Y Unterberg Poetry Center, Yvette Siegert, and Alina Galliano, whose support and insightful criticism proved instrumental in ushering these poems into English.

ÍNDICE

TABLE OF CONTENTS

TRES: PORTAL DE LAS DORMICIONES

CUATRO: PASARELAS DE MENSAJERÍA (ORIA Y LAS VOCES)

THREE: AT DORMITION'S SITE

FOUR: MESSAGE NETWORKS (AUREA AND THE VOICES)

INTRODUCCIÓN

La poesía de la autora venezolana Dinapiera Di Donato es un texto de un tremendo control del lenguaje; exhibe un cálido sabor erótico que se mezcla con la historia, un sentido de amor que se pierde por los mitos, hasta llegar a lo biológico. Nos hace sentir que estamos en el pasado, espérate, estamos aquí, en nuestra cama que es el río de siempre; los sueños se ven con mucha claridad. Tiene líneas como "el peso del monte cabe en una piedra cerrada." Me hace pensar en Lorca cuando éste dice "El lagartijo es una gota de un cocodrilo," esta manera de poetizar bien Andalucía que sobrevive entre lo Latino corriente. Siempre hay en su poesía un suplicar para que el misterio se revele; sus poemas minimalistas terminan en un momento sorpresa para respirar lo obvio oculto. Es fascinante encontrarse con lo árabe en su poesía; cita ella a uno de los mas importantes Sufís de la España Mora (edad media) Ibn Al Arabí; su orientalidad es muy precisa y es el transfondo de lo Latino. Ella mantiene un balance majestuoso entre el contenido y el control del lenguaje. En momentos sus poemas son un péndulo entre geografías y momentos históricos. "Eres negra eres cielo de los reyes . . . reina de Bagdad mi novia del Bronx." Sus poemas nos brindan un observatorio lingüístico/antropólogo/cultural del idioma español. Estamos conscientes de los cambios, los disfrutamos, como tal su poesía es una forma de ver la historia, aún las raíces de la ortografía española en los finales de los poemas Árabes y Hebreos conocidos como "jarchas." Íntimos, colectivos, estamos lejos pero la distancia se mezcla con lo inmediato. Su poesía es un tejido entre culturas, épocas, sexualidades, deseos. Ella es antigua y moderna de espíritu.

Exacta e inteligente, Dinapiera Di Donato es una poeta vital del momento presente, digna de la memoria de Octavio Paz.

Víctor Hernández Cruz
Aguas Buenas, Puerto Rico
Mayo 2013

INTRODUCTION

The poetry of Venezuelan author Dinapiera Di Donato exhibits a tremendous control of language, an inviting sense of Eros in the sweep of history, presenting a version of love that is lost to the agency of myth until it reaches the body. It sets us in the past, but wait, we are here in our bed, which is always a river; all dreams are perceived with great clarity. Coming across a line like "the weight of the grass fits on the tip of a stone," I am reminded of Lorca, when he compares a lizard to a "drop of a crocodile," and that Andalusian verse form still prevalent in Latin America. Her poetry as prayer pleads for the full disclosure of a mystery, and her minimalist work breathes life into the obvious and the occult. We are fascinated when we encounter Arabic in her verse and when she references the seminal work of Ibn Al Àrabi, the most significant Moorish Sufi poet of Medieval Spain; her reading of Oriental forms as background for Latino culture is incisive, especially in content and with her magisterial control of language. At times, her poems oscillate between history and geography: "you are dark you are a heaven for kings/queen of Baghdad my lover from the Bronx." Her work takes us to the linguistic/anthropological/cultural lookout that is the Spanish language. We become aware of its shifts, but we enjoy them, in the same way that we enjoy how her verse allows us to become aware of the roots of Spanish grammar in the Arabic and Hebrew forms known as *kharja*. We are intimate, and part of a whole; we are removed, but that distance also brings us to the immediate. Her poetry is a tapestry of cultures, eras, sexuality, and desire. Her spirit is at once ancient and modern.

Intelligent and exacting, Dinapiera Di Donato is a vital poet for our times, and worthy of the memory of Octavio Paz.

Victor Hernández Cruz
Aguas Buenas, Puerto Rico
May 2013

UNO
EN LA CAVERNA

Los días no son grandes, anochezrá privado;
escrivir en tiniebra es un mester pesado.
—Gonzalo de Berceo,
en el prólogo al "Poema de Santa Oria Virgen" (siglo XIII)

ONE
INSIDE THE CAVERN

The days are not long, night will fall soon,
writing in shadows is an arduous task.
—Gonzalo de Berceo,
from the Prologue to "Poem of Saint Aurea Virgin" (thirteenth century)

EL DÍA

En el día la cita de las manifestaciones, en las noches haríamos de
figurantes del Meatpacking
acopladas en los frigoríficos
con alguna muchacha
porque vamos a tender una celada

no me quejo de mis desplazamientos
en los días patriotas
¿qué llevaremos a la boca sino estas mujeres soldados fugaces
hormigas reinas del zumo de Catara?
¿entre calles ciudades camas
abandonadas de prisa
qué dejar atrás?

los artistas cargan nuestros bultos frágiles
entre todos les tocamos una flauta
nuestras gargantas vuelven a amar
la geometría
para siempre

la forma áurea que antes podía ser una historia de Virgen
letra y música de Berceo calmando a la tropa
Oria o Áurea de la Rioja, que más quería ser ciega que verse casada
viajar de romería al monasterio benedictino neurótica o joven
desde lo alto del alminar
llama Winehouse a su santa pelirroja para la eterna sed

DAY

During the day we would meet as demonstrators, at night we would be cast
as extras in the Meatpacking
coupling inside freezers
with any girl
because we would plot our ambush.

I won't complain about my displacement
in the days of our country
what else would we bring to our mouths if not these women, transient soldiers
queen ants in the bitter juice of *Catara*?
among the streets cities beds
quickly abandoned
what else would we leave behind?

artists load our fragile bundles
we all play the skin flute
our throats love once again
geometry
forever

the golden form that once could have been a tale of a Virgin
song and melody by Berceo calming the troops
Oria or Aurea from Rioja, who would rather be blind than see herself wed
set out, a pilgrim, neurotic or young, to the Benedictine monastery
from the top of the minaret
naming Winehouse her holy redhead for the eternal thirst

Valerie oh Valerie
cuando atraviesas las aguas sola
desplazada voluntaria cruzada
entrar en la protesta bajarse de la cruz
ayúdame con mi cuerpo

según sus deseos los albañiles abren un hueco en el muro del templo
de San Millán de Suso, el de Arriba
—donde también estuvieron enterrados los Siete Infantes de Lara—
frente al altar mayor y al coro donde cantaban los monjes allí la tapian

comenzó a tener visiones
—no siempre con sus santas guías—
enferma y muere mayor para el siglo undécimo, a los 27 años
mis días de tránsito de regreso
a ninguna parte
mi noches del refugio
con todos inventando el olor que nos falta

un litoral que callas

Valerie oh Valerie
when you cross the waters on your own
displaced, willing crusader
join the demonstration, come down from your cross
help me with my body

to address her wishes, the bricklayers carve a hole into the temple walls
in San Millán of Suso, the one on higher ground
—where they also buried Lara's seven infantes—
in front of the high altar and the choir where monks would chant,
that's where they bury her behind walls

she began to have visions
—not always steered by holy guides—
and dies, ill and aged, at 27, in the 11th century
my days in transit, my return
to nowhere
my nights at the shelter
all of us imagining the fragrance we lack

the shores you keep to yourself

LA NOCHE
ESCRITURA LLEVADA ENCIMA

Hay nieve en los valles del río Cárdenas
tengo mesa
ya lo tengo
escuetas notas de cazadores
ya los tienen

leo en el cuello de espejo de la inclinada sobre el pergamino de David los
congelados picos de un ave lenta
no hubo una nieve así por mucho tiempo no hubo mesa así
pero siempre hogueras

siguen las mensajerías
los guardianes pierden el control en esta hora
contorsionada entre el marco de exposición y la pantalla de consolador iridiscente
de su móvil
los caracteres hebreos del copista rotos con un español de alcoba
corrida en tus bragas con el estampado de las hienas blancas
leo por encima de su hombro
que pierde la h en estos tiempos
nadie imaginaba que alcanzaría
a vaciar sus glándulas
sobre Marina Abramović

los guardianes revuelven nuestras culpas
una y otra y otra
al fondo de los bolsos
una caravana fervorosa me empuja hacia el salmo y

NIGHT
SCRIPT WRITTEN ON OUR SKIN

There is snow covering the valleys of the Cárdenas River
I got a table
I got it
simple notes from hunters
now they got them

I read in the mirror's neck of a woman reclining on David's scroll
the frozen beaks of a slow bird
there was no snow for some time there was no table
but always bonfires

more messages come in
the museum guards become helpless at this hour
contorted between the frame and the screen of the iridescent vibrator
in her cell phone
the copyist's Hebrew broken by bedroom Spanish
semen on the white hyenas embroidered on your panties
I read over her shoulder
the words losing consonants this time
no one guessed she would manage
to drain her glands
over Marina Abramović

the guards stirring our shame
one after the other and another
at the bottom of our bags
a devout procession urges me forward, toward the psalm and

en la D iluminada de Fra Angélico ella se pone a cantar cada nota

las acompañantes que admiran su erudición judaica dudan
acerca de la autoría de taller de los aprendices místicos
y escoltan
a punto de cortar con una tijera *moira*
quien se atreva a un gramo de intimidad

La multitud y yo atrás
en zona de no cobertura
donde los celulares duermen justo cuando empieza el tríptico
de la natividad
ella se descuelga retrocede me tropieza

los ojos relampagueantes de los móviles me lanzan maldiciones

y yo que traigo del cuadro anterior la violenta luz que San Jerónimo probó
en un fuego amistoso
la figura que siempre huye de un relato patrístico
como si un diamante pelado de su cáscara podrida
pudiera estar vivo
y ya los tienen
ya los tienen
como si un santo pudiera ser
sin la santísima vulgata y la droga dura
del amor de Cristo cuando es mansa Nuestra Señora *Inanna*

y las poetas pastan sobre las ramas más verdes
muévete un poco déjame pasar
conviértete
en partitura de Von Bingen con su voz de Uxía
al fondo de tu trago

on the illuminated D of Fra Angelico, she begins to sing each note

her companions admire her Jewish erudition and doubt
the validity of a mystic novices' workshop
and guard her
with Fate's scissors
whoever dares indulge an ounce of intimacy

The crowd and I behind it
caught in an area without reception
where cell phones go silent just before
the triptych of the Nativity
she stumbles steps back trips over me

flashing cell phones curse at me

and I, who bring with me from the previous canvas, the violent light
Saint Jerome tested with friendly fire
the figure who always flees from patristic tales
as if a diamond stripped of rotten shell
could show life
and now they got them
they got them
as though there could be saints
without the blessed Vulgate and the heavy drug
of Christ's love when Our Lady Inanna tames

and women poets graze on the greenest branches
move over a little let me pass
turn yourself into
a score by Von Bingen with the voice of Uxia
at the bottom of your glass

ve los copos que caen

en el paisaje que te he hecho solamente porque inventas
para mí que estás viva cerca de un parque
indignada
y no quieta
y no en tu cita de la mañana
que voló por los aires

see the falling flakes

in the landscape I made for you simply because you pretend
to be alive, just for me, near a park
indignant
restive
and not at your morning appointment
which flew in the air

UN INSTANTE ILEGAL

de cuando todo era petrificada luz me seguía
así arropada voy en mi tiniebla
en cuadros de exposición

un *pentimento* volcado sobre la nuca de la mujer de la pintura siguiente
mientras ella estudia los ángeles de vuelta
las madonas como vulvas iluminadas
lenguas succionan sobre el retablo de Santa Lucía
una mujer oscura que yace en su ceguera vieja y una clara que enceguece
mirando deseos armados de alas
hasta los dientes

con dedos de ciega aplicas una lupa y rompes el sistema de
las parcas

ahumado el paladar
así recostada junto a mí
intensamente dorada la miel nauseabunda de su trago
vomitada y amada en mi boca
ya no eres el experimento de ti misma
probándote
en lejanas misiones
devuelves el diamante a las orejas de África y es el agua que vuelve
y se retira a tiempo

es la rama de hojas brillantes de un regreso de Virgen
de otra costa

UNLAWFUL MOMENT

when everything that pursued me was petrified light
thus robed I step in with my darkness
into canvases

a *pentimento* spilling over the nape of the woman in the next painting
while she studies the lingering angels
Madonnas like illuminated vulvas
tongues pressed on Saint Lucia's altarpiece
a dark woman who reclines with her age-old blindness and a fair one who is
blinded by sight
watching desires fitted with wings
to the teeth

        with deft fingers you press on with a lens and alter the terms
of the Fates

smoked palate
there lying beside me
gold and nauseated with honey and drink
retched and loved in my mouth
you are no longer your own experiment
testing yourself
on foreign missions
you return the diamond to the ears of Africa and water flows back
and recedes in time

bright branches that mark the Virgin's return
from distant shores

el coro de Ani de Franco de Kerrianne Cox de Cesarea y Joplin
te despiertan

han sido la visitante y su ángel comensales servidos en mi mesa
                                    el ordenador aislado
sus huesos y la sombra de los huesos un estudio de taller
pieles leídas por una bella judía anoche en Manhattan
mientras en la otra costa
su amante acariciaba nieve entre espuma diurna
con la misma inadvertencia
con la que pensó que siempre regresarías de una resaca
con sueños tribales de hienas erectas
como una mujer sobria

la chica emparedada de la caverna Silense
las mariposas blancas en el prado
como la nieve en el cenobio de San Millán

a choir of Ani de Franco and Kerrianne Cox, of Cesarea and Joplin
awakens you

a visitor and her angel have been served at my table
                    the computer set aside
her bones and the shadow of her bones in a workshop study
skins read by a beautiful Jewish woman last night in Manhattan
while on another shore
her lover's hands caressed the snow in daylight foam
with the same oversight
she figured you'd show, emerging from hangover
with tribal dreams of hyenas standing straight
with the posture of a sober woman

a girl immured in Silense Cavern
white butterflies in a field
like snow dusting the monastery of San Millán

LA CLAVÍCULA

Usa oro Fra Angélico en sus tiras cómicas
Aún La Compañía no había adquirido los derechos sobre las visiones
y ya Catalina de Siena pone una condición
                quiere ser la mujer invisible

Una rueda aparecerá sola desequilibrando el conjunto
pronto los cofrades discuten si los estigmas podrían mejorarse y nuestro se-
ñor Jesucristo
dejar ese aire de paloma roja extraterrestre

Y los demonios con aire de horóscopos chinos
ponernos a temblar
                Catalina es el vacío enamorado
se le nota
porque la rueda se echa a volar en un efecto de ovni quieto
es el andrógino de Platón en su monstruosa voltereta
alucinógeno barato de cine porno

Cuánto tiempo desarrollando los apuntes de Fra Angélico
en la historia de la mirada
the missing segment

CLAVICLE

Fra Angelico draws his comic strips with gold
Even the Trust had yet to secure rights to the visions
before Catherine of Siena states her terms
           to be cast as the invisible woman

A single wheel will appear and unsettle the composition
soon after the brethren confer to discuss if stigmata would heal if Our Lord
Jesus Christ
would give up his airs of a red dove from outer space

And also demons like Chinese horoscopes
we tremble
           Catherine is a loving emptiness
one could see it
because her wheel, hovering like a spacecraft, takes flight
it's Plato's androgyne in its monstrous turning
a cheap drug out of a porn film

How much more to parse in Fra Angelico's script
in the history of the gaze
the missing segment

LA LLAGA SECA

Dijo que vagaba entre vampiros a la izquierda del cuadro
allí donde no me atreví a mirarte oh negra muchacha
escondida en la luz pastosa del ojillo púrpura
bien disuelta en la sangre negra que revienta el tumor
de esta historia sagrada

Queda un hueso sin hojas para el caldo del mundo

Beato Angélico con su bata de monje radiólogo
te extiende el bisturí

DESICCATED WOUND

She said she walked among vampires in the left of the frame
at the spot I couldn't dare look at you oh black girl
hidden in the thick light of the purple eyelet
dissolved in the black blood of a tumorous discharge
in this sacred story

One leftover bone scraped clean for the broth of the world

Blessed Angelico in his radiologist's cloak
hands you his scalpel

TERRITORIO OCUPADO

En el sueño recurrente de San Jerónimo
—Transcriben electrónicamente las Siervas de los Corazones Traspasados de
Jesús y María SCTJM—
una muchacha adornada con espinas cruzaba
desde la Sabana de Maturín
usaba los labios susurrantes
a tono con el cielo invertido
cargado de cristales para el sueño
a tono con sus labios intensamente oxidados

la muchacha florecía sobre su cactus

también las bellezas envejecen verdes

entierran sus mutilaciones por los patios
para los verdes
como quiso ser la serpiente enamorada del pie asesino de su Virgen
rezar su ojo siempre abierto
de mar

Y soñó con la pintura del renacimiento

El rostro de Cristo con su piel de león iluminado
las ojeras que dan el trabajo mayor
ojeras de pigmentos puestos a serenar
excrementos azulados de los ángeles
sassi, cordera, murmura el santo, *sassi*
para el corte del rostro preciso se busca al más grande desollador

OCCUPIED TERRITORY

In Saint Jerome's recurring dream
—as transcribed by the Servants of the Pierced Hearts of Jesus
and Mary, SCTJM—
a girl dressed in thorns sets out
from Sabana de Maturin
using her lips to whistle
a tune in harmony with the inverted sky
a sky saturated with glass for sleeping
in tune with her heavy rusted lips

the girl flowered over her cactus

beauties also age in greenery

burying scars in patios
for the greenery's sake
like a loving serpent wrapped at the murderous foot of her Virgin
praying, her eye always open
as the sea

And she dreamed of the Renaissance painting

Christ's face with his skin of a glorious lion
dark circles that persist under the eye
circles tinted then softened
the bluish hue of angel excrement
sassi, my lamb, the saint whispers, *sassi*
for the precise carving of the face, we'll make use of the best skinner

amaso candor demasiado pasado y el santo escupe el ilirio
de su lengua madre
silbido que atiendes como un juego de escorpiones

Se esconde la muchacha en el costado
y detona la manada

I knead a drying whiteness and the saint spits out the Illyrian words
of his mother tongue
a whistling you heed as with a game of scorpions

The girl hides by the ribs
setting fire to the herd

EN UN CAMPO DE AZAFRÁN AMAN SUS TUBÉRCULOS
CON ESE AMOR LILA QUE BAILA EN LAS CESTAS

No era alquilada la muchacha
No era de la falange de las puertas místicas
No era custodia ni letrada de las otras dimensiones ni fundamentalista mariana
No era asesina

Evita a Inanna, a Sarasa, huye de su foto en las procesiones
como una Oriundina de aldea que abre la puerta de la alcoba

Detonaba por dentro sin rumbo
para consolar en el pleito de los desalojados letales

IN A FIELD OF SAFFRON LOVING THEIR ROOTS
WITH A LILAC COLOR BRIMMING IN THE BASKET

She was neither for hire
Nor of the ranks of the mystical doors
Nor was she custodion, or versed in other dimensions, nor was she a Marian
fundamentalist
Nor an assasin

She avoids Innana, or the novice Sarasa, hides from the camera in processions
like a village's Oriundina who opens the alcove doors

She burned from within, aimless
to bring comfort to the conflicts of the fatally dispossessed

EL PULMÓN DE LA DESPLAZADA
CON SU HUERTO SALVAJE SALTA

Y miente la vulgata sobre los largos dientes de las lilas del azafrán
que se oyen sus costillas aullar y el bosque limpio de tus carnicerías
pone en tu cuello las vueltas de tripas semipreciosas

No escupas tú
La piel cuélgala

En cada noche brillando ella sola
no vive en la burbuja de un blog
no hay henna en su perfil de verano
no recita sutras no reputea ni conoce el culto
de la personalidad

Es una chica con sus espinas en un tren
el monte le sale al paso para hacer el desierto
se enrosca en su planta detonadora el monte se dobla sobre las piedras que pisa
las piedras crujen llenas de hierba
su cuello de niebla partida despejada
O viridissima virga, ave
floriditatem tuam
El peso del monte cabe en una piedra cerrada

San Jerónimo no vuelve a verla

Visitada por un hombre bueno
que también la olvida

THE LUNGS OF THE DISPOSSESSED
EXPAND IN HER WILD GARDEN

And the Vulgate misleads with regard to the long stalks of the saffron's lilac
that you hear the crushing of her ribs and the forest is rid of your meat
and arrays your neck with rings of low-grade tripes

Don't you spit out
Hang up your skin

Each night glowing on her own
no longer active on her blog
without henna on her summer profile
withholding her sutra, her esteem, not knowing the cult
of personality

She is a girl with her thorns riding the train
grass spreading with each step, making room for a desert
binding itself to her burning soles, folding over each stone she steps on
stones crushed by overgrowth
her neck as dispersing fog
O viridissima virga, ave
floriditatem tuam
the weight of the grass fits on the tip of a stone

Saint Jerome won't come back to see her

Seen by a good man
who also forgets her

Quién te querrá cuando la muerte
no te quiera más

Entonces volvieron todos al cuadro

Who will love you when death
won't want you any longer

Then they all came back to the canvas

NIEVA LARGAMENTE EN LA PANTALLA

y mi tiniebla enroscada en oros de saqueo es la soga
se descuelga del cuello del beato hacedor de los extasiados tensa por la
enredadera
donde están subiendo
los bienaventurados del baile anual de los que posan
para la foto del Edén por encargo

el protocolo es de estricta iluminación jerárquica

su paraíso artificial del Quattrocento danza
todo el cuadro es una guirnalda de rosas de ADN
la tiara del reino

puerto en cuarentena

noche verde en el prado
mi tiniebla como una boa en tu cuello de árbol nevado
se suelta

SNOW FALLS CEASELESSLY ON THE SCREEN

and my darkness fixed to looter's gold is the rope
it unfurls by the neck of the blessed maker of the enraptured
strained by the vine
on which the blessed climb up
at the annual dance of those sitting
for a photograph of Eden they commissioned

the protocol calls for strict ranks of light

the Quattrocento's artificial paradise sways
a canvas depicting a wreath of DNA and roses
the kingdom's crown

a port at quarantine

verdant night by the fields
my darkness like a constrictor on your neck like a tree weighed by snow
has unraveled

DOS
EL RAPTO

Y entre el Sí y el No los espíritus vuelan más allá de la materia
y las cabezas se separan de los cuerpos.

أبو بكر بن محمد بن علي ابن عربي الحاتمي

—Ibn Arabi (Murcia, verano de 1165)

CONTRA IBN ARABÍ

Aquí estoy, en solitario, peleando con la edad, pateando con ambos pies los cántaros del Ser. La noche vibra con una letanía de reflejos sin sombras. Desde su ventana lo Absoluto de perfil contempla sus confines: los sonidos celestiales se propagan a través del viejo estanque en el que el metal y la greda, el pasado y los fines, el hueso y el vocablo vienen a saciar su sed. Revienta el cieno y la conciencia navega contra la corriente. En esta inmensa opacidad de la contemplación en la que el aire es la anticipación de la oscuridad, miro a lo singular elevarse en multiplicidades desde el fondo del ánfora y aguardar en el frío de lo real a ser vuelto añicos. No hay necesidad de entrar en el mar a cuya orilla se detuvieron los profetas, o de violentar la caja fuerte del mundo, ni de que el hombre sea el nudo de la creación y tenga en sus manos el Sello de los futuros tesoros. Creativa dentro de cada uno de nosotros, la chispa, que ya no anhela fundirse con los fuegos del cielo, se vuelve llama, chispa de sí misma, madre de todas las igniciones, nuevas tierras. Una gota huye del océano, se convierte en océano. El universo le tiende la mano a lo efímero.

—Abdelkáder el Yanabi
(Baghdad, 1940)

Traducción al español de Eduardo Gasca a partir de la versión inglesa de Pierre Joris.

TWO
THE RAPTURE

Between the Yea *and the* Nay *the spirits take their flight beyond matter,*
and the necks detach themselves from their bodies.

وبأ و ب رك محمد ن ع لي ا ب ن عرب ي ا لطم ي

—Ibn al-'Arabi (Murcia, summer of 1165)

AGAINST IBN ÀRABI

Here I am all alone, quarreling with the age, both feet kicking the jugs of Being. Night
vibrates with a litany of shadowless reflections. From its window the Absolute in profile
contemplates its confines: the celestial sounds propagate through the old pond where metal
and loam, past and ends, bone and vocable come to slake their thirst. Mud explodes and
consciousness sails against the current. In this immense opacity of contemplation where
air is the anticipation of darkness, I see the singular rise in multiples from the bottom of
the amphora and wait in the cold of the real to be smashed. No need to step into a sea at
the edge of which the prophets came to a halt, or crack open the world's safe, for man to be
the knot of creation and keep in his hands the Seal of future treasures. Creative in each
one of us, the spark, no longer hoping to unite with the fires of heaven, becomes flame,
spark of itself, mother of all ignitions, new lands. A drop flees the ocean, becomes ocean.
The universe holds out a hand to the ephemeral.

—Abdul Kader El Janabi
(Baghdad, 1940)

Spanish version translated by Eduardo Gasca from this English version by Pierre Joris.

SARGENTO JOSANNA JEFFREY

(según el relato de una estudiante que regresó del frente
y contó en mi clase de español del *college*)

Gritos en el horno
      ¿no es Janis Joplin?
no son conciertos para muñecas suicidas

ponte a salvo
ven

Un año en Irak no es mucho tiempo
Josanna mía mi aliento de bambú

Robaría a Josanna Jeffrey
para el tiempo que nos queda en tus brazos

breves humedales de Mesopotamia
Josanna Jeffrey con sus piernas sedosas
mitones de lujo negro

es la Ibis sagrada
en la mira

Temo la ponzoña del tatuaje
en un cerebro de Caballero del Stormfront
al acecho

Josanna Jeffrey mi centinela de trenzas escarchadas

SERGEANT JOSANNA JEFFREY

(as told to me by a student in my college Spanish class
who came back from the front)

Howls in the furnace
       is it not Janis Joplin?
these are not concerts for suicidal dolls

save yourself
come over

A year in Iraq is not a long time
my Josanna, my breath, its fragrance of bamboo

I would seize Josanna Jeffrey
for more time in your arms

the narrow wetlands of Mesopotamia
Josanna Jeffrey with her silken legs
luxurious black mittens

a sacred Ibis, she remains
in my sight

My fear of a tattoo's venom
in the mind of the Stormfront cavalry
lying in wait

Josanna Jeffrey my keeper with glittering braids

más bella que Central Park en invierno
tatuado de azafrán
firmado Christo

la noche de Nínive bajo su casco de guerra
vas a necesitar las uñas
que dejas en mi cama

el cielo de Irak te proteja

El cielo de Irak para saltar de su rama
justo a tiempo

en el fuego amigo
caballero armado del Ku klux klan por internet
cuida la manzanilla de su vello ario
cuando nadie lo ve

las bajas destripadas de vello oscuro
corren de su cuenta

Huelo la ponzoña de sus ritos de baja intensidad

Voltea
Salta
Josanna Jeffrey

Eres negra eres el cielo de los reyes
reina de Bagdad mi novia del Bronx

ruido de la caña los ojos de bengala quebrada
Josanna Jeffrey dispara primero

ven

more beautiful than Central Park in winter
tattooed with saffron
by Christo

Nineveh's night under her helmet
you'll need the nail clippings
you leave on my bed

may the sky of Iraq protect you

the sky of Iraq to spring from your branch
just in time

in friendly fire
an armed Klansman on the Internet
cares for the chamomile of his Aryan scalp
when unnoticed

the gutted dead with dark hair
flee from his account

I sense the venom of her rite burn by low flame

She turns
Leaps
Josanna Jeffrey

You are dark you are a heaven for kings
queen of Baghdad my lover from the Bronx

rustling of reeds eyes flaring as light breaks
Josanna Jeffrey fires first

come over

amo sus riñones preciosos
perdidos
en un experimento de Basora
días calientes lamiendo entre tus piernas
en un descansador de pantalla
helada

como una quemadura de Mosul

Vuelo de bambú doblado
tu aliento de violetas de menstruante
Josanna Jeffrey
perdió el interés de la industria farmacéutica
Tus riñones de treinta mil dólares
tus violetas
nada

enroscada en el descansador de pantalla
como en un vientre
descansa en mí

lamo la flecha agujeteada sobre mi corazón
te doy de mamar
toda la pornografía que hemos hecho
para poner los delicados paraísos
a salvo

carne amada putrefacta
se abraza al polvo de 10.000 sitios arqueológicos
destilados de violetas
irrepetibles
para extraer
tres gotas de aceite

ese animal
suelto en un libro de monja

I love her priceless kidneys
lost
to the Basra experiment
hot days my tongue thrashing between your legs
by a screen saver
frigid

like Mosul's burn

Bamboo cracked open on the air
your breath of violets of menstruation
Josanna Jeffrey
lost interest in pharmaceuticals
Your kidneys for thirty thousand dollars
your violets
nothing

bound to the screen saver
as in a womb
rests in me

I lick the inked arrow at my heart
I let you suck
all the pornography we have made
to bring all the fragile heavens
to safety

loved flesh now decaying
scattered over the dust of 10,000 archeological sites
violet essence
used just once
to draw
three drops of oil

that animal
set loose in the novice's book

un dedo de mi pie
en tu apertura de bambú

cómo te gustaba

dijo que al volver tendría una hija
Nasiriya

tampoco volvieron las aves

para retenerte me juego
la carta Josanna Jeffrey:
érase una vez las amantes
perdidas
en fuegos amistosos que declaran
la guerra de cada quien

las sobrevivientes las felices infelices muchachas
arrasadas devueltas de reyes recién muertos un año después

gritos en el horno

retiras la cabeza
como un pavo dorado
que todavía
hay que punzar

Josanna Jeffrey

sin pena ni gloria

no vienes

la última cerilla
es para la oscuridad

one of my toes
in your slit of bamboo

how you liked it

she said she'd come back and give birth to a daughter
Nasiriya

the birds never flew back either

to keep you I play
my hand Josanna Jeffrey:
once upon a time the lovers
were lost
to friendly fire in
each other's war

the survivors the blissful wretched girls
devastated sent back by kings dead a year later

howls in the furnace

you withdraw your head
like a golden turkey
that has yet to be
pricked

Josanna Jeffrey

with neither shame nor glory

you do not come

the last match
is saved for the darkness

LA SANTA, LA CRUZADA, EL SECUESTRO

Enheduanna, Enheduanna, la noche de lexapro no te ve
cazadora de visiones estás flechada
abre la puerta, *Oriundina que caí di ceu*

vuelve al *árbol de Diana* tu libro de veinte años
cuando el español de las muchachas era Alejandra y el amor de las muchachas
campos de concentración

cuando
las bibliotecas y sus fuegos
se hacían para hacerte olvidar el hambre, la falta, aquellas guerras
menores
y la palabra Chagall recién llegaba de Coruña llamada Blanca Andreú

pero es de noche en Manhattan
entre el Eufrates y el Tigris
donde estuvo el Edén
amanece el mito contando sus arenas

la hora cero:

contar paisajes por última vez
disueltos en pozos de aceite

contar torres en llamas
y a los niños de la casa
que cuentan alegremente
las serpientes las almas

THE SAINT, THE HOLY CRUSADE, THE KIDNAPPING

Enheduanna, Enheduanna, night with lexapro misses you
huntress of visions you are smitten
open the door, *Oriundina que cai di ceu*

revisit *Diana's Tree* your book of 20 years
when Alejandra infiltrated girls' speech and her love for them
a concentration camp

when
libraries were full of fire
and schemed to ease your hunger, your need, those minor wars
and the word Chagall brought over from la Coruña had a name:
Blanca Andreú

but it is night in Manhattan
between the Euphrates and Tigris
where Eden stood
the myth rises counting its sand

at zero hour:

counting landscapes one last time
dissolving into oil wells

counting burning towers
the children at home
are glad to count
the serpents the souls

nadie resta la rabia
nuestro pan de la cena aquí

no hay lugar en el mundo
donde no se muerda el polvo, **Enheduanna** tapiada allá
al amanecer
apretadas las gargantas

es que se están juntando
se están separando
las arenas

nuestros muertos van a recibir a nuestros muertos
como si tú y yo
empezáramos a olvidarnos

nobody eases our anger
our bread for supper is here

there is no place in the world
where we wouldn't bite the dust, **Enheduanna** within walls
at dawn
our throats tighten

the sands are gathering
the sands are coming apart

our dead will welcome our dead
as though you and I
have begun to forget ourselves

RUEGA

Son pensamientos de refugiados en sí mismos
presos del ojo del satélite
de pantallas alucinógenas
del mercader que me besa en un lago helado
y en lugar de Farizada insomne
cuenta ciudades reales o imaginarias como
cifras del pentágono
que serán exactas:

no todos vamos a morir en esta noche

Y allá la mañana
canta como un cisne que no oímos

*-No offense
pero nadie entiende el kitsh de otros lugares
ni sus chistes
ni sus dioses*

Los pájaros dorados en los vasos humeantes
saltan en la noche de cristales rotos
los golpes de las sirenas y no te muevas
de tu puesto en la trampa
de controlada observación

BEG

These are thoughts of refugees kept within themselves
prisoners of the satellite's beam
of narcotic screens
of the trader who kisses me by the frozen lake
and instead of Scheherazade's sleepless tales
he lists cities real or imagined like
figures from the Pentagon
that will become exact:

not all of us will die tonight

Over there morning
sings like a swan we cannot hear

—No offense,
But nobody understands the kitsch of distant sites
or the jokes
or the gods

Golden birds in smoked vases
dart into night, filling it with broken glass
the beatings of the sirens and do not move
from your post in the trap
with controlled observation

ANTES DE EMPEZAR YA EN LIVERPOOL
BOMBARDEARON EL CAFÉ DEL CARDAMOMO

se cruzan mensajes entre emigrantes venezolanas sin refugio
ya los muros empiezan a mostrar sus vírgenes por todas las costas
la ahogada muerta de miedo penando
Enheduanna

la verde muchacha del tiempo

la poeta que se viene a morir en su Chagall

Suena, el cuscús y la grasa de carnero
el kitsh de la Joplin de la casa, suena
Ismahán y Shakira antes de teñirse, suenan
tus cantaoras en la barra
compartes un baklava turco
y el políglota de turno perdida la cuenta
de sus pasaportes
las heridas las errancias
te enseña a escribir tu nombre en árabe
contra un recuerdo de "Gallitos Azules"
tropicordiosos
en extinción

-No offense
pero nadie entiende sus conflictos de bárbaros

Una muchacha venezolana en Liverpool
llora en la miel de los mabrumes

AN ATTACK ON THE CARDAMOM CAFÉ
BEFORE WE SETTLE IN LIVERPOOL

exchanging messages between Venezuelan immigrants without a home
and the walls begin to lay out their virgins along the shore
drowned by fear, drowned by grief
Enheduanna

the verdant girl of time

the woman poet turns up to die at her Chagall

Sounds of couscous and the sizzling mutton
Joplin's kitsch at home, sounds of
Ismahan and Shakira before dyeing hair, sounds of
your flamenco singers by the bar
you share your Turkish baklava
this shift's polyglot losing sight
of his passports
the damages of errancy
teaches you to write your name in Arabic
in exchange for a memory of endangered gallinules
purple
tropicordiosos

*—No offense
but nobody understands barbarian conflicts*

A Venezuelan girl in Liverpool
weeps over the honey of *mabrumeh*

regada por el piso

había deshojado en la menta
el invierno

sus cuadernos de extranjera y la sombra violeta del
Ávila
con la que vive todavía

la vaga explicación de sus orígenes
en primavera

su confianza es una cifra
inexplicable
como las uvas de Esmirna
joyas en su boca triste
mientras escribe en su pancarta:

No sigan
Sus *is a fact* **y sus** *no offense*
> **me ofenden**

Hay intercambio de señales en esta hora
trueque de infancias
un mar por otro
los misteriosos azules del aire
descritos por Da Vinci

el silencio corrosivo que queda después de un cisne
mancha azul que deja de cantar
en el lago helado del parque
y al final de Basora la palma de dátiles

scattered on the ground

she'd plucked out the mint
the winter

her foreigner's notebooks and Ávila's violet shadow
with whom she resides

a vague explanation of her origins
in spring

her trust is of unexplained
quantity
as the grapes from Smyrna
jewels in her saddened mouth
while she writes in her banner:

**Please stop
their *facts*, their *no offense*
offend me**

Exchanging signals this time
the bartering of childhood
an ocean for another
the mysterious blues within the air
described by Da Vinci's hand

the corrosive wave of silence left by a swan
a blue smear once it stops singing
on the park's frozen lake
and a date palm at Basra's end

que es lo último que recordarán
morichales donde nadamos en el sueño
de la amiga poeta
que emigra a Israel

Mientras las muchachas de New York en primavera
salían del escondite del museo con letras del codex de Leicester
donde las aguas eran venas del paisaje vivo
        en orden
en las máquinas de guerra a la lupa
el diseño muestra los cuerpos abrazados

a manera de flores protectoras de cariaquito morado
apagaban los noticieros

y sus pancartas confundían al enemigo
que cada quien
tiene en casa

will be the last thing they remember
by *moriche* palms where we waded in a dream
of a friend, a poet
who moved to Israel

Meanwhile New York girls in springtime
emerged from the museum's hiding places with the Leicester codex
where waters were veins in a live, ordered landscape
war machines under a magnifying glass
the design reveals bodies embracing

like the sheltering manner of purple flowers
turning off the news

and their banners confused the enemy
that everyone
keeps at home

MENSAJE DE TEL AVIV: LA VERDE PLEGARIA

Hay princesas con nombres de batallas
hay esclavas maquilladoras
macerando las rosas
de calígrafa

ambas mastican las alas del hojaldre
de la natividad

todo lo que tocan
alza el vuelo
para burlar los decretos

MESSAGE FROM TEL AVIV: A VERDANT PRAYER

There are princesses named after battles
there are slaves who are makeup artists
softening the roses
of calligraphy

both chew on pastry wings
of the Nativity

everything they touch
escapes them
as if to mock decrees

MENSAJE DE LIVERPOOL: LA VERDE PLEGARIA

Siempre en nuestro patio
empieza el campo
de concentración

y duetos de hierba

y las madonnas como luces del bosque
viven poco
en las doncellas
que bailan en el agua de invierno
y guardan celosamente
nuestras yugoslavas
cenizas

MESSAGE FROM LIVERPOOL: A VERDANT PRAYER

Always our garden
leads to its own concentration
camp

and grass duets

and Madonnas as beams in the forest
live just a little
in damsels
who sway in the water of winter
guarding jealously
our Yugoslavian
ashes

VIRUS

Pasan las negras caravanas
criaturas migratorias que por temporadas cambian de formas
de matar
para provecho de tan alta tecnología
de aseguradoras
e iglesias que saben que sólo Dios cuida los lirios del campo
y cuánto le cuesta un lirio al detal

mascullan sus rabias al oído público

"¿Por qué viniste a mí desde el desierto de Nevada soldado armado hasta
los dientes?
¿Por qué hiciste el camino hasta la distante Basora
Donde los peces solían nadar bajo los escalones de nuestras puertas?"
Saaddi Yousif

citó el judío en árabe en su cuaderno Caribe
-en realidad el bello Yaakov Jacobito
de venezolana estudiante
igualados en el básico de gallego y japonés
en el turno de lavaplatos

él pensaba de ella
que estaba más buena que las negras paltas
salvadoras de la especie sureña del poema de kukurto
y ella pensaba que él iría jugoso, en un poema de kukurtiño
muñequitos de manga siemprevivos
van dibujando:

VIRUS

The dark caravans make way
as migratory creatures with seasonal forms
of killing
for the benefit of vanguard technology
of insurance companies
and congregations swearing only God tends to lilies in the field
and what's a lily's retail price?

voicing their anger in the public's ear

"Why did you come to me from your Nevada desert, soldier armed to
the teeth?
Why did you come all the way to distant Basra
where fish used to swim by our doorsteps?"
Saadi Youssef (translated by Khaled Mattawa)

cited the Jew, in Arabic, in his Carribean notebook
—in reality, the handsome Yaakob Jacobito,
lover of a Venezuelan student
equally versed in basic Galician and Japanese
as they wash dishes

he thought of her
more succulent than black avocados
caretakers of the southern species of *kukurto* poems
and she thought he would go well in a *kukurtiño* poem
invincible manga figurines
they are both drawing:

aquí los chicos que sobran
de todas partes
por antigua fatalidad de antiguos saqueos
saltan de la fila de saqueados a la fila
del ejército
donde morir es ser un héroe afortunado
con mejores dividendos para las madres de los diminutivos
que el trabajo de toda la vida vivo
sin fortuna

Oyen muy quietos
diatribas manifiestos predicadores
y arden
con toda la biblioteca

boys remaining
from all over
thanks to the ancient fatalities of ancient abductions,
jump lines from abductors' to the army
rank
right here, where dying is to be called a fortunate hero
and brings better dividends for the mothers of the little ones
than working for an entire life, living
without fortune

They listen, very still, to
diatribes manifestos sermons
and burn
with the whole library

EL GENIO

Toda la vida aquel genio del Renacimiento creyó que había agua
en la luna
donde a veces creímos el mito del alunizaje

no hay agua, señores, en la luna
llena de huesos del cuerno de África

los ojos brillantes
de la luna seca

un sabio oriental de la ciudad
altavoces en la protesta :
Desconecten apaguen
Silencien las Open Source
Aquellos astronautas nunca salieron del desierto
de Arizona
No hay hombres en la luna en los sesenta
señores
Hombres y mujeres y aliens oigan: ·
No tomemos el lugar destinado a las protestas vamos por otra calle

presidentes, vicepresidentes, dictadores de izquierda dictadores de derecha
ya firmaron sus contratos
Repartida está Bagdad y sus pozos cardinales
no tienen tiempo
de ver superproducciones revoluciones
y funerales cursis
en la tele

nosotros tampoco

THE GENIUS

All his life that Renaissance genius thought there was water
on the moon
where we once believed in the myth of the landing

gentlemen, there is no water on the moon
it is brimming with the bones of Africa

the bright eyes
of the dry moon

an Oriental sage from the city
loudspeakers in a protest:
Unplug shut down
Silence the Open Source
Those astronauts never left the desert
of Arizona
Gentlemen, there were no men on the moon
in the sixties
Men and women and aliens, listen:
keep away from areas designated for the protest, let's go down another street

presidents, vice presidents, dictators from the left, dictators from the right
have already endorsed the contracts
Baghdad's partitioned and its main wells
they find no time
to see superproductions revolutions
tasteless funerals
on TV

us either

Y FARIZADA LA SONRISA DE UNA ROSA CONTÓ
— MENSAJE CORTADO —

Vino la muerte
y me encontró ocupada
en tus labios
y a ti en el dibujo de alheña de la piel
donde estaríamos
la muerte y yo
persiguiéndonos sin vernos en un bosque

hasta que me dibujaste
el ojo de gacela
y a ella
el león del desierto

y en la palma de tu mano
el nombre de Alá
flecha en el tejido del corazón

AND SCHEHERAZADE TELLS OF A ROSE'S SMILE
—TRUNCATED MESSAGE—

Death arrived
and found me busy
with your lips
found you drawn with henna on your skin
where we would be
death and myself
chasing ourselves blindly through the forest

until you drew me
the eye of a gazelle
and her
a lion of the desert

and in the palm of your hand
the name of Allah
an arrow to the heart's tissue

TESOROS DE BASORA ENCONTRADOS EN EL MET
MIENTRAS ASALTAN MIRBAD

La anatomía del corazón
es un tatuaje seriado de Da Vinci
colocado entre el Tigris
y tus ojos

Enheduanna de los himnos
Inanna volcánica Alawana límpida
Sarasa
ánimas solas

El Quattrocento es un estudio de mantos
la fría crisálida
un reactor en el prado
donde larvada la seda del cuerpo
y su reflejo de madonnas
se desprende

y vuela
como un perseguido de Basora
enamorado de un joven
calcado de un paraíso de alheña

Aún no habían exterminado el bello accidente de los pájaros
porque la piel de un hombre que no fuera de palacio
valía menos
y la belleza protectora de una mujer
presa fugaz

BASRAN TREASURES FOUND AT THE MET
WHILE MIRBAD IS BEING LOOTED

The heart's anatomy
is a serialized tattoo by Da Vinci's hand
set between the Tigris
and your eyes

Enheduanna in hymns
volcanic Innana, limpid Alawana
Sarasa
lonesome spirits

The Quattrocento is a study of robes
the cold shell of an insect
a reactor in a field
where the silk of the body is threaded
and its semblance of Madonna
unfurls

and it takes flight
like a refugee from Basra
in love with a young boy
etched by a heaven of henna

They had yet to erase the beautiful accident of birds
because a commoner's flesh
is of less value
and the sheltering beauty of a woman
a transient prey

sólo colgaba en los retratos

Enheduanna

Son sus ojos de mirar Florencia
maestros del pájaro y cómo se vuela
y cómo en el vuelo por trampas de la luz
acecha el ángel blanco del bombardero

y a nosotros líbranos de las mistificaciones
Enheduanna Enheduanna Enheduanna

left hanging in portraits

Enheduanna

Her glance toward Florence
is master of a bird which takes flight
and how in an ambush of light
the white angel of a bombardier lies in wait

And deliver us from mystifications
Enheduanna Enheduanna Enheduanna

TRES
PORTAL DE LAS DORMICIONES

A las semillas no sólo les gusta viajar, sino también dormir. Un buen número es incapaz de germinar inmediatamente después de haber caído de la planta, así que permanecen durante cierto tiempo "dormidas". Este estado en el que las semillas no germinan se llama **dormición** *y funciona como un reloj que permite a la planta brotar cuando las condiciones son favorables para comenzar el proceso y también para sobrevivir, aunque en ocasiones puede mantener a la planta dormida incluso si las condiciones de germinación son buenas. El período de dormición funciona como enlace entre una generación y la siguiente y puede durar entre unas semanas y 2000 años como ocurre con las plantas de Loto.*

www.ensconet.eu/es/Dormicion.htm

THREE

AT DORMITION'S SITE

*Seeds not only benefit from being dispersed, but also from inactivity. Many of them are incapable of germinating after being released by the plant and, therefore, remain dormant for some time. This state, which precedes germination, is called **dormition** and functions as a timer that allows a plant to sprout once conditions are favorable for the process of germination and survival, although, on occasion, a plant may remain dormant even if conditions for germination are favorable. This period functions as a link between one generation and the next and may last one week to 2,000 years as with the lotus.*

www.ensconet.eu/es/Dormicion.htm, accessed in 2001

TRYON PARK
ENTRE MUNIRA, LA BRILLANTE, ALINA, LA NOBLE Y
ALTAGRACIA, LA DOMINICANA

Hoy ví al señor El- Yanabi el que llevaba una vida de *grand détourneur des mots*
porque las palabras siempre saben el camino y entran al mar rojo
no se sentaba en el bosque de Vincennes a hablar de Cioran
el rumano le dijo
que a París se iba a aprender rumano
y si puedes, por allí doɪde pases
cuídate

no tanto de los sentimentales al mando
ni
de las confraternidades donde cada quien se vigila
sino
de la ignorancia de sí

ya que de lo demás
cómo protegerse

en tus pies de persona civil vas a estar solo
si eres creyente como si no

la tela de tu vida de joven te dará para alguno que otro corte
con tus rememoraciones místicas cada vez
que puedes masticar un ocaso
con su mujer de espaldas

en los desembarcos cómo distinguirnos

TRYON PARK
WITH MUNIRA, THE BRILLIANT ONE, ALINA, THE NOBLE ONE, AND ALTAGRACIA, THE DOMINICAN

Today I came across Mr. El Janabi, who lived a life of *grand détourner des mots*
because the words always know the way and enter the Red Sea
who wouldn't sit in the forests of Vincennes to speak of Cioran
the Romanian said to him
you should go to Paris to learn Romanian
and if you can, wherever you go
take care of yourself

not so much from the maudlin in power
nor
from the brotherhood where they are all watching each other
but
from the ignorance of the self

since everything else
such as taking care of yourself

you, as a civilian, will end up alone
whether you believe it or not

the fabric of your youth will give to an occasional cut or two
with your mystical recollections each time
you are able to chew on a sunset
with its woman's back to you

how we tell each other apart at landings

justos y extraviados tienen la misma mancha indiscreta
y niños rellenos
de silabarios explosivos

aprenden a leer con ojazos de vacas sagradas
faraones de murales de pergaminos minados
de mosaico bueno o falso
y remedo de morerías diseminadas de uno al otro extremo
del desierto
que ya son tópico de
festival de cine

the righteous and the stray carry the same sign of indiscretion
and schoolchildren filled with lessons
from dangerous primers

learn to read with the large eyes of sacred cattle
pharaohs in murals of torn scrolls
in worthy mosaics or in bad ones
and in copies scattered in Moorish quarters from one end of the desert
to the other
which are already fodder
for film festivals

QUERIDA, AQUEL QUE HABLABA DE IBN AL-ARABI CON RACHID SABBAGHI MIENTRAS PONÍAN A SALVO BIBLIOTECAS DE UN ÉXODO EN ALGECIRAS NO TE RECUERDA

mira cómo vives
en los ojos de sus hijos
aquellas caídas sobre el abismo

cómo nadan allí todos los animales y las sagradas escrituras y las bajas civiles

los ojazos de la muerte rápida también

en las llaves los pasaportes las divisas la despedida el regalo ritual del auto
de graduación

traídos a Caracas para comer mejor
no sabremos nunca si fueron más felices

¿No notas que el camino a ninguna parte te pone épica?

después de tragados los corales de un mar de andar por casa
después de las exaltaciones
de mereyales e historias patrias en conserva

clasificados recuerdos en Picasa

de la vida expuesta
en un panfleto

DARLING, HE WHO TALKED ABOUT IBN AL-`ARABI WITH RACHID SABBAGHI, WHILE SALVAGING BOOKS LEFT BEHIND DURING AN EXODUS IN ALGECIRAS, DOES NOT REMEMBER YOU

see how you live
in the eyes of their children
those steps into the abyss

how beasts swim there with holy scriptures and civilian casualties

as well as the widened eyes of a quick death

in keys passports foreign currency in send-offs and the usual gift of a car
at graduation

brought over to Caracas so they could eat well
we won't know if they were happier

Ever noticed how the road that leads you nowhere makes you feel epic?

after swallowing corals from the sea and using them around the house
after the exaltations
of cashew trees and tales of patriotism are preserved in jars

classified memories in Picasa

of life exposed
in a pamphlet

después de la primera lección Violeta y el jabón que viaja desde La Toja
hasta las escuelas-oasis almerienses

cuando ya no hizo falta justificaciones
de aquellos retratos en grupo
junto a las grandes momias que cada época lleva en hombros
volverás a las maestras andalusíes de Ibn Arabí
en Marchena de los Olivares
en Córdoba

a
ocuparte del ají dulce

de las tazas de té

                    no es la épica
                    ni es el hambre
            ni la vida apasionada de los elementales
        conviene estar en la vía sin dejar nada de sí

leían

y conforme leían
olvidaban

after the first lessons of the book *Violeta* and the soap sent over from La Toja
to the school-oasis in Almería

when no justifications were necessary
for those group portraits
flanked by the great mummies each decade bears
you will return to the Andalusian women teachers of Ibn Àrabi
in Marchena de los Olivares
in Cordoba

to
care for the sweet pepper

in the tea cups

            neither the epic
              nor hunger
         nor the impassioned life of the elementals
     is as worthy as keeping to the road and leaving nothing of your own

they read

and as they read
they forgot

EL SEÑOR EL-YANABI BORRA LA SOMBRA DE MUNIRA
EN EL PARQUE

en traducciones de diplomacia iraquí
esconden los poemas de Arévalo en san Félix
que iguala el sonido de la Al-Fãtiha en labios de ⬜ams Um Al-Fuqará

Nunna Fátima dame tu saliva

                        porque soy una mujer ignorante
                me entierro con los libros de Averroés sin abrirlos

ya no soy una hurí cuidando

ni siquiera una graciosa extasiada

el aliento me falla

y ahora cuando te amo tanteo a ver
donde quedan mis prótesis
regadas
como si pudiera seguir a Ibn Arabí
desde el palacio hasta la duna
a rezar en su tumba de Damasco

como si supiera leer y recitar
los poemas que solamente leen
insomnes
solitarios
hijos de apicultores y soldados que huyen
del Santo Padre

MR. EL-YANABI ERASES MUNIRA'S SHADOW
IN THE PARK

in the translations of Iraqi documents
they tuck in Arevalo's poems in San Félix
which echo the sounds of the Al-Fatihah on □ams Um al-Fuqará's lips

Nunna Fatima lend me your spit
                          because I am an ignorant woman
                    I bury myself in Averroes's books without opening them

I am no longer an attentive houri

I am neither gracious nor enraptured

breath fails me

and now when I love you I feel around
to where my prostheses   ◄
have been scattered
as if I could be a student of Ibn Àrabi traveling
from palace to dune
to pay homage at his tomb in Damascus

as though I could read or chant
poems read only by
the sleepless
the lonely
sons of beekeepers and soldiers fleeing
the Holy Father

Alina, que ve lo que seríamos

viejas y niñas del refugio de Inwood

que oye

los cantos de Algonquinos prendidos de estas cabelleras llenas de abejas

y las muchachas dominicanas de Harvard

con abuelas llevadas a buen puerto por deudas

con su santa disecada

que duerme en las reliquias

en la calle Cabrini

cuando envejecemos cerca del Hudson

dejan de contar los cuentos de

elegidas asambleístas reinas que salen poco costosas

para la travesía de tribus

que venden a otras tribus

Ya no me conoce el señor Al-Yanabi, amigo del Sabbaghi de Casablanca, del

Gasca convertido en traductor, gran *détourneur de mots* de Los Chaimas

de Itúrburo el guayaquileño

de Tenreiro

en la Coruña

pasa con los hombres del día

donde vivimos

al menos que hable con sus pájaros

si volvieran los pájaros

cuando acabe su guerra

Francisco Arévalo cada mañana

Alina, who sees whom we will become
old women, girls in Inwood's shelter
heeding
the chants of Algonquin capped by those scalps full of bees
and Dominican co-eds from Harvard
whose grandmothers reach safe-haven because of debts
with their desiccated saint

sleeping among relics
on Cabrini Boulevard
when we grow old in the Hudson

no longer do we hear stories of
elected assemblywomen, queens who rarely prove inexpensive
in the journey of tribes
bartering with other tribes

Mr. Al-Yanabi—Sabbaghi's friend from Casablanca, friend of Gasca now
a translator, *grand détourneur de mots* of the Chaima
of Itúrburo, the one from Guayaquil
of Tenreiro
from La Coruña—has forgotten me

disappearing with today's men
where we live

unless I were to speak to his birds
if they would fly back
once his war is over

Francisco Arévalo every morning

EL CAZADOR Y SUS PERROS CUANDO DUERMEN
EN LAS ERMITAS

Van los cansados a recostarse en fragmentos siríacos
van a dormir un poco

por eso peregrinan por el mundo recogiendo guijarros
buscando una sombra buena
una mujer buena

un poeta lacónico , un profeta de las ballenas, un
parado de la casa
de antes del hambre

efímera techumbre entrevista en los rosedales
con su libro de los desplazamientos a cuestas

es el primero en irse

las letras sueltas se desnudan una tarde
en su cerebro

ya son larvas
y polvo
confiadas a las tumoraciones milagrosas
de los árboles
las agallas vivas para escribir
la lírica masticando los bosques nos revuelve
vendida en su envoltorio lírico este calmante
este poema

THE HUNTER AND HIS HOUNDS WHEN THEY TAKE THEIR REST IN THE SHRINES

The tired ones go to rest on Syriac's fragments
trying to get some sleep

they set out in pilgrimage through the world collecting pebbles
in search of decent shade
a good woman

a laconic poet, a prophet of whales,
unemployed
before he's hungry

an ephemeral shelter sighted among rosebushes
with a book on migration on his shoulders

he is the first to leave

scattered letters reveal themselves one afternoon
in his mind

they turn into larvae
and dust
given to the miraculous tumors
extracted from trees
live gills used in writing
lyrics chewing on trees which unsettle us
sold in its lyric-wrapper this painkiller
this poem

denme
piedras o dátiles
comida rápida que salta en el estómago de los entrenados
para el gran recuerdo

nos hace daño

ya no vamos en recorridos de formación
no somos el ocio del verano
sirviendo a un deleitable poeta

en el recreo de las negociaciones en las horas
de entrada gratis
los últimos almendrones frondosos

las muchachas revolotean allí
sus picos de expertas en raspaduras
empiezan por mis manos que el tiempo agrieta

debajo de un cuadro iluminado despiertas en el trazo

ajustamos los lentes, las hojas para el dolor, apunto con el móvil
al descuido de guardianes disparo entre tus ojos

ya estás en mi red

Y ya no estás
y me conviertes en una periodista literaria
posteando con furia

como los turistas religiosos que hacen hablar a las piedras
mientras fortalecen piernas y el músculo de la fe

give me
stones or the flesh of dates
fast food swirling in the stomach of those trained
to remember well

which harms us

we step away from training paths
we are no longer summer's leisure
serving a pleasant poet

on break from negotiations at the hour
of free admission
the last of the overgrown almond trees

the girls flitting there
expert beaks first start scraping
at my hands which time has cracked open

under a well-lit frame you awaken with a stroke

we adjust our lenses, the leaves used for our pain, aiming with my cell phone
against the carelessness of guards I fire between your eyes

you are in my network

And now you are not
and you turn me into a literary journalist
posting with fury

like religious tourists who make the stones speak
while strengthening their legs and the muscle of faith

tópica la experiencia sana de lo diverso
enamorados de portales confesionales
la más cercana utopía
de modos y rostros y costumbres culinarias

el dogma de la Virgen Odigitria o las persecuciones iconoclastas

nuestro receptor recibe mensajes en blanco

y también
te desvanece

topical is the healthy experience of the diverse

fawning over portals, confessionals

the closest utopia

of manners and faces and culinary habits

the dogma of the Virgin Odigitria or iconoclastic persecutions

our device receives blank messages

and also

exhausts you

LOS EXPERTOS EN RAYOS X INFRARROJOS DE LAS GALERÍAS QUE ENCUENTRAN EN EL SIGLO UN NUEVO DIBUJO DE DA VINCI DEBAJO DE LA MADONNA DE LAS ROCAS

"Fue un momento extraordinario cuando alumbrado el rostro de la Virgen
inmediatamente vimos una mano que no tenía cabida en la pieza original"
en un comentario de la estudiosa para el diario británico
The Guardian
cuando estamos más o menos sobrios
el primero de julio
la BBC juega con el arrepentimiento del artista
revelemos a una mujer arrodillada
con un brazo extendido

Anuda la cuerda
son las últimas líneas humanas
los curadores son convocados de urgencia
las galerías
huelen el mercado
olisquean a los artistas
les ofrecen su puesto en esta muerte
que hay que ganársela como se gana una
vida
al aire perfumado del verano: lo tomas o lo dejas

THIS CENTURY, GALLERY EXPERTS DISCOVER, WITH THE USE OF INFRARED CAMERAS, A NEW SKETCH BY DA VINCI BENEATH THE MADONNA OF THE ROCKS

"It was an extraordinary moment when we shone the camera on the
Madonna's face and instantly we saw a hand which had no place there"
statement made by female expert to the British daily
The Gaurдian
when we are more or less sober
the first of July
the BBC flirts with the artist's regret
let's reveal a woman on her knees
with her arm extended

Prompting a beginning
these are the last of human lines
curators are called in urgently
the galleries
carry the fragrance of the market
sniffing at the artists
offering them a post in this death
that must be earned as we earn
life
by summer's perfumed air: you take it or you leave it

CUATRO

PASARELAS
DE MENSAJERÍA
(ORIA Y LAS VOCES)

Se dice muy bello noche beirutí. Pero sales de aquellas estampas y vas a Saida Baida donde el amor te pone preso. Que el aliento rocoso de Cheikha Rimitti que crucé en París ella viniendo de Orán yo yendo, va delante, yo te sigo.

Cuando abre la jaula y pasa como un zorrillo ártico bien cortado, peligroso, veloz, a ras de arteria, es una amante de la novia que baila para ella. A Rimitti no le importa que el tren sea caro y yo cante mal, te acompaño a casa. Remmetez, remmetez, Saida Baida, estoy en el bar Stalingrad, yo una simple sehakia, sin ir a la Meca, sin orquesta de medahates.

Ahá, ahá
ehem, ehem
otra ronda para todos
Oh, mi madre vestida para
la visita del Wali
enséñame el camino y déjame cantar
el que conoce el amor ya conoció la muerte

FOUR
MESSAGE NETWORKS (AUREA AND THE VOICES)

To one's ears night in Beirut could sound beautiful. But you step out of the scene and come across Saida Baida wherever love seizes you. Cheikha Remetti's breath is hoarse as I came across her in Paris she, coming from Oran and I, on my way there, go ahead, I pursue you.

When the cage's unlatched and she steps out like an arctic vixen, groomed, quick, dangerous, and flush as an artery, she is the lover of a bride who dances for her. Remitti won't mind the cost of the ride or if I am a poor singer, I follow you home. Remmetez, remmetez, *Saida Baida, I am at the Stalingrad Bar,* a simple sehakia *who's never been to Mecca, without an orchestra of* medahates.

Ahá, ahá
ehm, ehm
another round for all of us
Oh my mother dressed for
El Wali's visit
teach me the way, let me sing
whoever knows love has known death

(FALSOS) RECUERDOS DE NINA BERBEROVA

Altagracia se va a casar y deja a la niña al cuidado de Munira
que invita a Alina la noble a comer pescado seco
a la manera de sus abuelas de Campechuela

Ajmátova en el vidrio de las aguas heladas
de cuando Altagracia derritió a un poeta ruso

Ajmátova del Neva, Altagracia llama a su hija Nevanina
-cosas de dominicana

ese río que nunca desató a mi madre
suelta
de la muerte como escándalo

invernal

no te creas
        Anna Andréyevna Ajmátova en el Neva
es una cadena rota
golpes en los hielos
como un cisne

Como Katherine Manfield
y Marina Svétaeva
sus últimas palabras
fueron para un amante ruso

(FALSE) MEMORIES OF NINA BERBEROVA

Altagracia will marry and leave her child to the care of Munira
who invited Alina, the noble one, for a dinner of dry fish
in the custom of their grandmothers in Campechuela

Akhmatova on the cut glass of a frozen river
when Altagracia made a Russian poet melt

Akhmatova of Neva, Altagracia calls her daughter Nevanina
—her Dominican ways

that river never rid my mother
out
from death as a wintry

scandal

don't think
        Anna Andreyevna Akhmatova in Neva
is a broken link
beatings on ice
like a swan

As Katherine Manfield
and Marina Tsvetaeva
her last words
were for a Russian lover

yo temo al amor de sus ojeras azules

fumando

salvadas

en una tumba fresca

estoy viva ¿y qué? me hace sonrojar

la urgencia que es de todos

camino en el manglar de esta isla recién nacida

la culebra Bejuca de las magas caseras

otra rama acariciante enamorada de mis piernas

con esa costumbre caníbal

de latitudes puestas a hervir

al sereno

tensión que Munira sabe de sobra en mi cama

sin morboso culto por un trasnocho hormonal

provocado

o al descuido

sin

confusión de los vivos de la acera opuesta

cuando cierro los ojos el blanco animal del tren

con sus blancos climas

me lleva en el joyero del río rojo

un cofre con Ofelias

le dan la cuerda al tráfico

I fear the love of her blue eye shadow
smoking
saved
in a fresh tomb

I am alive, so what? blushing
at your urgency

I walk the mangrove of this newborn island

a *Bejuca* serpent conjured by household witches

another branch softly binds to my legs
with that cannibalistic manner
of latitudes set to simmer
by dusk's air

the strain Munira knows all too well, on my bed

without morbid cult for a hormonal spell that lasts all night
induced
or neglected
without
the confusion of the living on the opposite sidewalk
when I close my eyes the white animal on the train
with its white climates
takes me to the jeweler of the red river

a chest with Ophelias

prompting traffic

de norte a sur en el Hudson aprendemos el baile

con Mambí

y

el poema de Mandelstan para romantizarse

con decencia

en Yale

pero Ajmátova

-a veces llora Munira, la brillante

mientras cuida a Nevanina por culpa de la gran Berberova, ejemplo de

emigración impecable

      ay, si Ajmátova

si Svétaieva si Mandelstan si Sabbaghi

hubieran logrado nadar hasta aquí

sin abuelos tártaros

ni traducciones de Leopardi

ni madre berberí recitadora de Rosalía

pescando su bocado, como pescaba Nina Nikoláievna Berberova para

hacerse sitio en este río cuando el Sena volvió a dejarla en un barco

y no era joven

al poco tiempo – por la gracia de las santas que la siguen a todas partes

se enamoró otra vez, fue catedrática de la gran poesía

rusa, no lejos del Hudson

en los fuegos del Neva

los ojos del Neva abiertos

como peces devueltos

sí

from north to south on the Hudson we learn to dance
with *Mambí*
and
a poem by Mandelstam turn us into romantics
with decency
at Yale

but Akhmatova
—Munira, the brilliant one, often weeps
while caring for Nevanina, and because of the great Berberova, her example of
impeccable errancy
        alas, if Akhmatova
if Tsvetaeva if Mandelstam, if Sabbaghi
would have managed to swim here
without tartan grandparents
nor translations of Leopardi
nor a Berber mother reciting Rosalía's verse

fishing for a morsel, like Nina Nikolayevna Berberova did so to
to make room in this river when the Seine left her on a boat again
made old
in no time—by the grace of the holy women who follow her everywhere
she fell in love again, became a professor of notable Russian
poetry, not far from the Hudson
by Neva's fires

the widening eyes of the Neva River

like fish sent back
yes

BORRAR
(LAS SANTAS FRESCAS)

Glándula pineal, epífisis o tercer ojo, abro tu cerebro para entenderte

Situada en el techo del diencéfalo, entre los tubérculos cuadrigéminos craneales, en la denominada fosa pineal. Esta glándula se activa cuando no hay luz

si lo mío contigo fuera una historia de amor
te daría mi tercer ojo
ese riñón que me hace secretarte

un racimo de yuyos te trajera del campo
zombi de mí
yonqui de ti
sin buscar ni esperar

larvas de larga vida del portal placebo
ratas enamoradas
en la sopa de la wiki
la enciclopedia de mis cuentos de animales colgados
al cuello de mi colgada

DELETE
(THE FRESH SAINT)

Pineal body, hypothalamus or third eye, I pick at your brain to understand you

*Located on top of the diencephalon, between the cranial colliculi, in an area called the
pineal fossa, this gland is activated by the absence of light*

if ours were a love story
I would give you my third eye
my kidneys which filter you out

a bunch of weeds I would bring you from the field
and I, the zombie
I, your junkie
without searching or waiting

long-lived larvae of the placebo's portal
rats in love
in this broth of Wiki
the encyclopedia of my tales of creatures hung
around the neck of my frozen one

ENVIAR

(LAS EMBALSAMADAS)

No sé qué decirte

llevas demasiado maquillaje en la calavera

antes eras la reina del oso en la colmena
ahora la abeja muerta
más tarde
una muchacha vieja y otra y otra infanta
con su infierno caro a la cadera
griega hasta la náusea
aquella nota de Callas que baja al acantilado

con perlas ensartadas grises
como una advertencia
Safo
abre sus capas de invierno
piernas costosas
cercenadas en la altura precisa

y donde yo veo una mujer que se recuesta en mi hombro
pidiendo una fábula
mientras haga efecto una gota menos buena porque es
de amor

no sé qué decirte

vas a triturar raíces

SEND
(THE EMBALMED ONE)

I don't know what to tell you

you wear too much makeup on your face

before you were queen of a bear's hive
now a dead bee
much later
a girl aged then another and another infanta
with a costly inferno to your hips
Greek up to the hilt
that Callas note coursing through the cliffs

with a string of gray pearls
as a warning
Sappho
lays opens her winter coat
expensive legs
severed at the exact place

and where I see a woman resting on my shoulder
asking for a tale
while a drop takes partial effect because it brings us
love

I don't know what to tell you

you will crush roots

tragar perlas
rayar el disco
vas a dejarla en paz

mientras tu sangre vuelve a la mía
los huesos que besan su metal
la veo creciendo en la yerba
la flor de la melisa de las doncellas
muertas a pedradas por silencios de la Diosa

en mi taza

detrás de sus resinas coloreadas
manos en el vientre de las ratas de la ciudad
proteína de sus malos días
escarbo
el olvido el anillo
la piedra preciosa
sí mi amor
el gen que pudre ideas o sangre o senos
de mascotas blancas con la cura

a muchachas amputadas con cerebros en mejor estado
también les pasa

su tiempo en las radiografías
que lloran
se sienten cachorras desechadas

son comida
de un dragón con su lacito rosa
rojo de

swallow pearls
become a broken record
got to leave her in peace

while your blood draws close to mine
bones drawn to its metal
I see her loom large in the grass
Melissa flowers for maidens
stoned to death by the Goddess' silence

in my cup

beneath her colorful resin
hands pressing the wombs of the rats in the city
protein from bad days
I dig
oblivion the ring
the precious stone
indeed my love
a gene weakens ideas or blood or the breasts
of white pets with the cure

female amputees with healthier brains
also face it

time spent on x-rays
weeping
feeling like stray dogs

they are food
for a dragon with a pink ribbon
washed red

las campañas sanitarias

hipnotizados nuestros huesos buenos
te siguen
repaso con el delineador tus ojos faraones
cierro el sarcófago muy suavemente
cuido tu sueño

by health campaigns

our working bones now stunned as
they follow you
retouching your Pharaoh eyes with eyeliner
gently, I shut the sarcophagus
I watch over your dream

ENTREVISTA DE LA MADONNA HODIGITRIA,
LA DE LA FLECHA

en la vida antigua, llamados melancólicos, se han ido detrás de las antorchas
hablemos del camino

en un hueco de la tierra, contábamos historias
antes
cuando los suelos salinizados se parten y no hay raíces para la cena
o es la hora de volar por los aires, sólo pienso en contar historias

supongamos que tú y yo
recolectores de las tumoraciones de los árboles
para costosas tinturas venenosas
tú ocupado en los rosedales
que aún hay bibliotecas y burdeles para las insomnes que suenan
sus grillos caseros

que
las maderas y la piedra y el cadáver del bosque te encierran allí
lograda muerta
la eterna joven
que
un día estarás quieta sin drama
entre raspaduras de letras y cabellos vegetales egipcios
que resucitas los ojos la cadera el día
que te llamas la Virgen que hila las gotas la muchacha aquella
la garganta la boca la lengua
que lames también de la mano del aire
y dejas el refugio guiada por atentas ánimas

INTERVIEW OF THE MADONNA OF HODEGETRIA,
THE ONE OF THE ARROW

in ancient times, so-called melancholy ones, they have gone after torches
let's talk about the road

in a hollow, we used to tell stories
about
salt grounds being torn apart and we found no roots for our supper
or it is the hour to take flight, I only think to tell stories

suppose that you and I
collected tumors
for expensive tinctures
you, busy with rosebushes
that there are still libraries and brothels for sleepless women who rattle
their household crickets

that
wood and the stone and the dead body of the forest keep you there
made dead
eternally young
that
one day you will sit still, without drama
between scrapings of letters and the fuzz of Egyptian vegetables
that you will bring to life the eyes the hip the day
calling yourself the Virgin who sews together drops that other girl
the throat the mouth the tongue
who also licks the hand of the wind
and leave your shelter guided by vigilant spirits

que liman

amorosamente

tus colmillos

de hija de Cioran el humorista y de Simone Buoé la que reía con Cioran

que tenía sin embargo piedad

de un poeta vampiro y su luz muerta

de ascetas encerrados en panteones heroicos como piedras caídas

de la luna

y subes

al mundo

Supongamos

que has dejado los vocablos del odio-amor

y pones

a la santa en su lugar

y sales

sin ser notada

del falso sosiego

who file

lovingly

your fangs

like the daughter of Cioran the humorist, and Simone Buoé the one who laughed

with Cioran

the one who showed the mercy

of a vampire poet with pallid light

of ascetics shuttered in heroic pantheons like the fallen stones

of the moon

and you climb up

to the world

Suppose

you've abandoned love-hate's language

and put

the saint in her place

and step out

unnoticed

with a misleading calmness

EL TESTAMENTO DE NUESTRA SEÑORA

Tras la última pena de civiles
llegan los días de limpiar el aire

me ocupo de las restauraciones del huerto
elimino el barniz oxidado de las tablas de pino

alguna noche recuerdo a mi madre
detrás del *verdaccio* de las carnaciones desaparecidas
cuando trae sus dorados al agua sobre fondo rojo
y las láminas buriladas vuelven a la industria automotriz
el gesto de pergaminera de mi madre con su cuchillo
cuando elimina restos de carne y pelos de estas pieles
reescritas una y otra vez

el gesto de ikebana
doblegar el invierno en
ramas de forsitias

y limpio sus dedos lacerados con las listas de las *Ostracas*
punzadas las actas sobre moluscos
donde se inscriben los indeseables

los palimpsestos de las leyes borradas para los reescritos
fundacionales
delirios a la carta nuevas videncias variaciones
de dueños del mundo

mi madre señaladora de caminos me expulsa
a la vida eterna

OUR LADY'S WILL

After the civilian's last sorrow
there comes a time to clear the air

I take charge of restoring my orchard
scraping the varnish oxidizing on the pine boards

some nights I remember my mother
behind a *verdaccio* of missing flesh
when she brings her gold in a red base to water
and the engraved foils are sent to the automobile industry
my mother, scroll-maker, gestures with her knife
when she scrapes off meat and hair from these skins
inscribed over and over again

Ikebana's gesture
winter defeated by
branches of forsythia

and I wash her cut fingers with lists of the *Ostracas*
scoring records on mollusks,
where the unloved ones sign up

palimpsests with laws erased for rewritten
groundwork
delirium *a la carte*, new visions, variations
for the keepers of the world

my mother guiding us down the road tosses me
unto eternal life

Y repito el desgaste de las manos
en el trabajo de vivir
sus líneas secas
una monja momificada
para la consagración de turno
comiendo lo mejor del pescado
sus ojos

Los reyes de las cocinas salvan
el gusto de la especie
Santa Lucía o Teresa
detrás de máscaras plateadas
en un catafalco
ya han repartido sus pupilas en bandeja

La ciega del sarcófago de cristal veneciano
con el guía Orfeo

llega en medio de turistas de veinte años con sus botas de hule desafiando el
agua alta y susurra en mis oídos que está solo
que las fieras
cada vez más cerca

conozco su viejo cuento

hundo mi mano para traerte a la luz de la casa

me arrodillo entre tus piernas

Sólo el ojo del móvil vibrando

And I resume the wearing out of my hands
by the work of living
their dry lines
a mummified nun
to consecrate the shift
dining on the best part of the fish
its eyes

The kings of the kitchen save
the palate of the species
Saint Lucia or Saint Theresa
behind silver masks
in a catafalque
have scattered their pupils on a platter

The blind girl in a sarcophagus of Venetian crystal
with Orpheus as her guide

arrives among 20-year-old tourists with rubber boots, defying
high water, and he whispers into my ears that he is alone
that the beasts
inch closer every day

I know his old story

I plunge my hand to bring you light from home

I kneel between your legs

Only the eye of the cell phone vibrating

NO HABLO DE UNA VIDA JAPONESA,
TE ESTOY HABLANDO DE MI MADRE

Mastico a mi madre
como un pájaro azul de las diez entrevisto en el follaje
de Inwood con Alina
picoteo sus ojos de horcada

no soy el cuervo de mi madre
mi mirada es oscura de bella terminación
y ya no soy el olor del buitre del zamuro del ruego de mi madre

Alina me lleva por el prado de asfódelos
por donde viene mi madre
déjala ahí,
criatura,
deja a tu madre que vaya a reinar

y sigue
sola.

I DON'T MEAN A JAPANESE LIFE,
I MEAN MY MOTHER

Chewing on my mother
a late-morning blue bird sighted through the branches
of Inwood with Alina
pecking at her eyes of a hung woman

I am not my mother's raven
my gaze ends beautiful and dark
I am no longer the vulture's fragrance or the idiot's or my mother's plea

Alina leads me through a field of asphodel
where my mother approaches
leave her there,
my creature,
let your mother reign

and keep going
on your own